AF581440

PRÉCEPTEUR A VINGT ANS!

COMÉDIE EN DEUX ACTES ET EN PROSE,

PAR

M. HIPPOLYTE AUGER;

Représentée pour la première fois, à Paris, sur le théâtre du Gymnase Dramatique, le 9 juin 1838.

DISTRIBUTION DE LA PIÈCE :

BLANCHE DE MORAY, veuve	Mlle VIRGINIE GOY.
Mme DE TOURNY, sa mère (soixante ans)	Mlle JULIENNE.
HÉLÈNE, sa fille (seize ans)	Mlle CÉLINE VALLÉE.
CLAUDE, son fils (neuf ans)	Mlle LOUISE.
CHARLES MÉRARD, précepteur (vingt-deux ans)	M. RHOZEVIL.
ROGER, ami de Charles (trente-huit ans)	M. BOCAGE.
UN DOMESTIQUE	M. BORDIER.
UNE GOUVERNANTE (personnage muet).	

La scène est à la campagne, en Normandie.

ACTE PREMIER.

Le théâtre représente un jardin avec une table et des chaises. Au lever du rideau, Claude travaille; Charles est debout auprès de lui. Hélène et la gouvernante font des fleurs; Blanche et madame de Tourny sont assises du côté opposé. — La maison est à droite du spectateur, cachée par les massifs de verdure.

SCÈNE I.

Mme DE TOURNY, BLANCHE, HÉLÈNE, LA GOUVERNANTE, CHARLES, CLAUDE.

CHARLES, au fond.

Claude! finissez.... je vous mettrai en pénitence.

CLAUDE.

Je ne le ferai plus, monsieur Mérard.

HÉLÈNE, de sa place.

Monsieur Mérard, punissez-le, il le mérite bien : c'est un mauvais sujet!

MADAME DE TOURNY.

Qu'y a-t-il là-bas, on se querelle?...

HÉLÈNE.

Oui, grand'maman.

CLAUDE.

Non, grand'maman.

BLANCHE, à madame de Tourny.

Laissez, ma mère, il ne faut jamais voir ces choses-là..... dès que nous intervenons, le précepteur n'a plus de droits... J'ai la plus grande confiance dans monsieur Mérard : c'est un homme d'un caractère doux et ferme à-la-fois.... D'ailleurs, il a pris mes enfants en affection, il a pour eux beaucoup de soins... je suis tranquille.

MADAME DE TOURNY.

Tu peux l'être, en effet : j'ai rarement vu un jeune homme aussi distingué, dans cette position assez subalterne...

BLANCHE.

Ce mot est une injustice des gens du monde. Nous confions l'avenir de nos enfants à un précepteur..... tout dépend des premières impressions... nous devons avoir beaucoup d'égards pour lui... quant à moi, je pense que je ne saurais trop bien traiter l'homme à qui mon fils devra d'être à son tour un homme bien élevé...

MADAME DE TOURNY.

Je t'approuve. J'ai remarqué avec joie, mon enfant, que cette sécurité influait beaucoup sur ta santé, sur ton humeur; je te trouve gaie, calme, heureuse en un mot; enfin, depuis quinze jours que tu es installée dans cette terre, et depuis quatre que j'y suis, tu sembles avoir oublié tout-à-fait les souffrances du passé.

BLANCHE.

Ma santé n'est pas très bonne encore : toujours mes maux de tête ! La solitude et le silence me font du bien.... quant à ma gaîté, je m'accoutume au veuvage.... après deux ans... d'ailleurs, je suis tout entière à ma famille.... oui, je suis calme, je suis heureuse, si c'est là le bonheur... Combien je vous remercie de quitter Paris pour moi !

MADAME DE TOURNY.

Je suis toujours heureuse quand je te suis utile; mais à présent, je suis bien aise de voir que je ne suis qu'agréable.

BLANCHE.

Non, votre présence est nécessaire ici, je ne saurais y rester seule, près d'un homme aussi jeune que l'est monsieur Mérard.

CHARLES.

Claude, vous ne travaillez pas.

CLAUDE.

Monsieur Mérard, c'est Hélène qui me fait des grimaces.

HÉLÈNE.

Ne le croyez pas, monsieur Mérard.

CLAUDE, pleurant.

Mais si, c'est vrai...

BLANCHE.

Eh bien?

CLAUDE, venant à sa mère.

Maman, je t'assure qu'on m'empêche de travailler...

CHARLES, qui a suivi l'enfant.

Venez ici, venez.... pourquoi quittez-vous votre place? Allons, essuyez vos larmes, et promettez-moi d'être plus studieux.

(Il le baise au front.)

BLANCHE, appelant Claude par un geste.

Claude ! (Elle baise Claude au front, en regardant Charles.) Tu seras donc toujours désobéissant?... il faut écouter monsieur Mérard, il est si bon !...

HÉLÈNE, de sa place.

Il est trop bon !

BLANCHE.

C'est bien, ma fille... N'est-il pas l'heure de la récréation? (Elle se lève.)

CHARLES.

Allons, rangez vos cahiers, et allez jouer.

HÉLÈNE, montrant des fleurs.

Maman, comment trouvez-vous mes pavots ?

BLANCHE.

Ils sont charmants : montre-les à ta grand'mère... (Bas à Charles.) Claude est incorrigible; il faut aviser aux moyens de dompter son caractère... nous en causerons... Voulez-vous m'attendre à la serre?...

CHARLES.

Bien, madame..... (A Claude, en sortant avec lui.) Vous ferez attention, n'est-il pas vrai?...

CLAUDE.

Oui, oui.

(Ils sortent avec la gouvernante.)

SCÈNE II.

Mme DE TOURNY, BLANCHE, HÉLÈNE.

MADAME DE TOURNY.

Tu crois peut-être, ma fille, que depuis mon arrivée j'ai perdu mon temps ici? Non, non, j'observe.

BLANCHE, un peu émue.

Ah! oui-dà, vous observez... sans doute les progrès que font mes enfants, n'est-ce pas?

MADAME DE TOURNY.

D'abord... mais aussi M. Mérard, dans leur intérêt et dans le tien.

BLANCHE.

Dans mon intérêt?... expliquez-vous.

MADAME DE TOURNY.

Tu es riche... par amour pour tes enfants, tu consens à rester veuve, et je t'approuve.... tu viens de refuser un mariage fort brillant?

BLANCHE.

Fort brillant ! Depuis deux ans, j'ai refusé plusieurs mariages... connaissais-je ce nouveau prétendant?

MADAME DE TOURNY.

Comment ! comment ! tu l'as donc oublié déjà? c'est ton ancien soupirant, M. d'Auneuil... il y met de la persévérance, celui-là !... Nous l'avons éconduit jadis parcequ'il n'avait rien : maintenant que tu es libre, et qu'il possède, dit-on, une assez grande fortune, il revient, c'est rare...

BLANCHE.

Oui, mon beau-frère m'a parlé de ce nouveau mariage.

MADAME DE TOURNY.

Voilà ce qu'il m'a dit, à moi, quand je montais en voiture : « Elle refuse M. d'Auneuil pour la seconde fois, sans le voir... aujourd'hui qu'il est riche, elle a tort... Ah ! si elle le connaissait mieux ! »

BLANCHE, contrariée.

Bien, bien... qu'on ne me parle plus de mariage, et revenons à M. Mérard.

MADAME DE TOURNY.

Mais ces refus continuels te font autant d'ennemis.

BLANCHE.

Des ennemis, ma mère?...

MADAME DE TOURNY.

Le mot est peut-être un peu fort... Enfin ce M. d'Auneuil, que tu n'as pas voulu recevoir après une pareille constance, que nous n'avons même jamais remarqué autrefois, il peut chercher à se venger; et, comme tu l'as parfaitement compris, la présence d'un précepteur jeune et joli garçon...

BLANCHE.

Il est ainsi, il faut bien le garder ainsi ; ce n'est pas ma faute : je me place au-dessus de tout cela... je vis sous les yeux de ma mère et de ma fille...

MADAME DE TOURNY.

C'est bien prendre la chose... Cependant, mon enfant, il serait prudent d'écrire, relativement à M. d'Auneuil... S'il t'aime... et après une telle conduite on n'en saurait douter..... il faut le ménager... on peut le rencontrer dans le monde, à Paris... Eh bien! qu'il sache que tu t'es entièrement dévouée à tes enfants, que l'amour maternel seul absorbe ta vie...

BLANCHE.

A merveille! j'en puis écrire quelques mots à la première occasion... Vous disiez donc que M. Mérard?...

MADAME DE TOURNY.

Oui, la crainte naturelle de ce qu'on peut penser de toi m'a fait observer avec attention la conduite du précepteur : il est bien jeune!

BLANCHE.

Peut-être... mais il a tant de savoir... ses fonctions le vieillissent... d'ailleurs sa conduite me semble fort convenable.

MADAME DE TOURNY.

Elle est parfaite... même au wisth! J'ai beau le gronder, il est d'une douceur!... et c'est ce qui m'inquiète... Je ne sais si c'est une idée, il me paraît mélancolique : aurait-il des chagrins à son âge? le pauvre garçon!

HÉLÈNE, à part, soupirant.

On peut en avoir à tout âge..

(Elle s'est insensiblement rapprochée de sa mère.)

BLANCHE.

Oui, je m'en suis aperçue... il est triste par moments... je ne lui crois pas une santé très forte... il s'est fatigué dans ses études... c'est si peu ordinaire de trouver tant d'instruction chez un homme si jeune...

MADAME DE TOURNY.

Dans la jeunesse tout est bientôt réparé ; les fatigues ne durent guères plus que les chagrins.

HÉLÈNE, en soupirant.

Il a des chagrins!

BLANCHE.

Oui, ce n'était pas sans intention que je l'ai fait voyager avec moi... je voulais d'abord qu'il vint de son côté, puis j'ai changé de résolution, j'ai pensé que je pourrais l'étudier, qu'il était prudent, nécessaire, que je procédasse ainsi, pour régler nos rapports... il est jeune... je suis maîtresse de mes actions, c'est vrai ; mais encore comme vous le disiez, il ne faut pas donner prise contre soi.

MADAME DE TOURNY.

Ta conduite a toujours été très régulière. eh bien donc! tu as deviné que M. Mérard...

BLANCHE.

Ce jeune homme souffre de se voir dans une situation subalterne, comme vous le disiez ; il se sent au-dessus d'elle par son mérite... et puis il m'a donné sur sa famille qui habite la province, les renseignements que je desirais... ses parents ont éprouvé des malheurs... après avoir connu l'aisance, de fausses opérations commerciales les ont réduits à un état nécessiteux... aujourd'hui que la richesse est tout, il les voit à regret dans cette position... c'est la sienne aussi... il est loin d'eux... je ne puis me défendre d'une pitié bien naturelle, et... voilà pourquoi je lui témoigne beaucoup de bienveillance, voilà pourquoi je verrais avec plaisir que ma famille et mes amis eussent pour lui tous les égards qui lui sont dus... après tout, c'est votre avis du moins, il est de mon intérêt, je veux dire de l'intérêt de mes enfants, que j'agisse de la sorte... je suis déja fort étonnée de leurs progrès.. il a su se faire aimer d'eux, car bien que je l'aie choisi pour mon fils, Hélène profite beaucoup de ses leçons...

HÉLÈNE, haut sans y songer.

Ah! M. Mérard se fait si bien comprendre!

BLANCHE.

Hélène... tu nous écoutais?...

HÉLÈNE.

Non, j'ai entendu seulement que vous parliez des progrès que fait mon frère avec M. Mérard, et c'est une vérité.

BLANCHE.

C'est bien, occupe-toi de tes fleurs... ou plutôt tiens compagnie à maman. (A part.) Je vais le rejoindre et lui parler de mon fils... le pauvre jeune homme!

SCÈNE III.

LES MÊMES, UN DOMESTIQUE.

LE DOMESTIQUE.

Il y a là un monsieur qui demande M. Mérard.

BLANCHE, surprise.

Et quel est ce monsieur?

LE DOMESTIQUE.

C'est, je pense, un voyageur.

BLANCHE.

Faites entrer... et prévenez M. Mérard.... cherchez-le dans sa chambre, dans le jardin... je ne sais... à la serre peut-être... il aime les plantes.

MADAME DE TOURNY.

Une visite? est-ce que tu savais qu'il dût recevoir quelqu'un?

BLANCHE.

Non!.... cette circonstance m'étonne... cependant il n'y a rien là que de très ordinaire... nous ne sommes pas sur une grande route... c'est vrai... il ne connait personne dans le pays...

c'est encore vrai... des affaires peut-être... nous allons voir quel est ce voyageur... Le voilà.

SCÈNE IV.

LES MÊMES; ROGER; LE DOMESTIQUE l'introduisant.

BLANCHE.

On est allé prévenir M. Mérard, monsieur... il n'attendait personne...

ROGER.

Je suis un de ses amis, madame, et pour le voir, en passant, j'ai fait un détour de quelques lieues. (A part.) C'est donc elle!...

BLANCHE.

Ne voulez-vous pas vous asseoir, monsieur?

ROGER.

Je vous demande pardon, madame... je ne veux pas me rendre importun ni ravir un temps qui appartient au devoir... mais je n'ai pas voulu traverser la Normandie sans connaître par moi-même la nouvelle situation de Charles Mérard...

BLANCHE.

N'auriez-vous pas besoin de quelque chose?... le déjeûner n'est pas desservi peut-être...

ROGER.

Je vous rends grace... je me suis arrêté à l'auberge du village.

BLANCHE.

Vous devez y être fort mal, et M. Mérard verrait avec plaisir que vous fussiez notre hôte.

ROGER.

Je vous remercie, je craindrais de vous déranger.

BLANCHE.

Vous accepterez du moins notre diner; je ne suppose pas que votre intention soit de partir aujourd'hui même...

ROGER.

J'accepte volontiers, madame. (A part.) Les choses s'arrangent à merveille.

MADAME DE TOURNY, bas à Blanche.

Je ne sais, mais cette figure-là ne m'est pas inconnue.

BLANCHE, bas.

C'est vrai... moi-même je ne sais où j'ai vu...

SCÈNE V.

LES MÊMES, CHARLES.

ROGER.

Charles!

CHARLES.

Monsieur Roger, vous!

ROGER.

Depuis quelque temps, je projetais un voyage sur les côtes... j'ai voulu vous voir en allant à Grandville, au mont Saint-Michel...

CHARLES.

Je suis fort heureux de vous voir... mais ne gênons pas ces dames, allons dans le parc.

BLANCHE.

Nous nous retirons chez nous... c'est notre heure, vous le savez. (A madame de Tourny.) Venez, ma mère (bas.) laissons ces messieurs.

MADAME DE TOURNY.

Oui, oui. (A part.) Je ne suis pas fâchée de cette visite... un peu de monde à la campagne, ça ne fait pas de mal.

BLANCHE, à Hélène.

Ma fille, laisse ton ouvrage.

ROGER, à Charles.

C'est la fille de madame? elle sera bien.

BLANCHE, bas à madame de Tourny.

Ce monsieur a de bonnes manières: qu'en dites-vous, ma mère?

MADAME DE TOURNY.

Oui, il a du monde... il doit jouer au wisth...

BLANCHE, bas.

On juge surtout les gens par leurs amis. (Haut à Roger.) Monsieur Mérard vous dira nos habitudes, monsieur, et nous comptons sur vous. (A Charles.) Accordez un congé à vos élèves... Je le veux pour monsieur votre ami.

(Les femmes entrent au salon et disparaissent.)

SCÈNE VI.

CHARLES, ROGER.

CHARLES.

Je suis bien agréablement surpris, mon cher Roger... mais comment êtes-vous parvenu à connaître ma retraite?

ROGER.

Tout finit par se savoir dans ce monde... je vous l'ai dit cent fois... Vous m'avez fait mystère de votre départ... il a été précipité, d'accord... vous vouliez m'écrire, je n'en doute pas... vos occupations vous en ont empêché, soit; mais me voici: Eh bien! comment vous trouvez-vous dans cette demeure?... chez madame de Moray?... je sais tout, vous le voyez...

CHARLES.

Mais je serais fort ingrat de n'être pas touché de tous les égards qu'on me témoigne ici: c'est une famille unie, les mœurs y sont douces, la vie paisible; pas d'ostentation dans les goûts, une grande fortune et de la bienveillance... vous conviendrez que j'aurais grand tort de m'effrayer de ma condition.

ROGER.

Elle est fort honorable! vous êtes jeune, votre esprit est orné, vous avez la grace des manières.. et personne plus que vous ne possède le don ou l'art de se faire bien venir; la réception toute gracieuse qu'on vient de me faire me donne la mesure de la bonne opinion qu'on a de vous dans cette maison... vous m'en voyez ravi.

CHARLES.

Je n'attendais pas moins de votre amitié... vous allez donc faire un voyage charmant?...

ROGER.

Le voyage n'est qu'un prétexte pour vous voir; vous l'avez deviné, soyons francs! je ne veux pas démentir l'amitié que j'ai pour vous depuis si long-temps... Oh! vraiment! cette excursion me rappelle son origine. Nous étions tous deux enfermés dans une lourde diligence... pour quatre jours!... de Paris à Bordeaux!... rien ne lie plus facilement qu'un voyage... Au premier relai nous nous parlions à peine, et avant d'arriver à Orléans vous n'aviez plus de secrets pour moi... Touché de votre candeur, je riais quelque peu d'un misanthrope de dix-huit ans. Bon Dieu! à vous entendre, tous les hommes étaient pervers; quant aux femmes, la chose était différente, elles vous semblaient toutes jolies, vos yeux n'étaient pas assez grands pour les voir! jamais l'ardeur proverbiale de Chérubin ne fut égale à la vôtre!

CHARLES.

Vous vous moquez de moi, et ce n'est pas sans raison; cependant, vous vous le rappelez aussi : je quittais Paris pour aller m'enfermer dans une habitation de province, faire l'éducation d'un enfant... des revers de fortune m'y forçaient.

ROGER.

Oui, oui, et vraiment je fus bien surpris d'apprendre que vous vous destiniez à l'enseignement... mais j'eus pitié du jeune précepteur; je le guidai de mes conseils, je fus assez heureux pour lui procurer une place agréable, une condition meilleure, dans la plus belle ville de France après Paris; je le présentai dans le monde, pour l'appuyer de mon crédit; et quand je quittai Bordeaux, il y a deux mois, je l'y laissai dans une situation fort convenable, accueilli de mes amis, et dans la famille de l'un d'eux, préludant à vos fonctions si difficiles de précepteur, chez mon brave camarade de collége... ce bon Valentin... mais voilà qu'un beau jour je vous rencontre à Paris, par hasard.

CHARLES.

J'allais chez vous...

ROGER.

Oui, et puis, tout-à-coup vous partez, inopinément, sans m'en prévenir... moi, je suis bon, je m'inquiète, je ne sais que penser, je m'informe et je découvre enfin qu'on vous a présenté à madame de Moray pour faire l'éducation de son fils...que vous êtes chez madame de Moray, une femme charmante, d'une famille honorable... vous êtes bien ici, je le vois; mais vous pouviez n'y pas être d'une manière convenable, et j'ai voulu tout voir par moi-même... c'est le véritable motif de ma présence en ce moment...

CHARLES, avec contrainte.

Je vous en remercie cordialement.

ROGER.

Vous me dites ces paroles d'un ton...

CHARLES.

Votre caractère ombrageux va-t-il vous faire soupçonner que je ne suis pas très heureux de vous presser la main?

ROGER.

Je ne dis pas cela... Asseyons-nous et causons.

CHARLES.

Ne voulez-vous pas monter chez moi?

ROGER.

Nous sommes fort bien sur ce banc... voyez donc l'admirable point de vue!... un beau pays, de bonnes gens, une maison agréable... j'envie votre existence tranquille, calme... Mais comment va le cœur dans la monotonie d'une existence si paisible?

CHARLES.

Il y a si peu de temps que j'en jouis.

ROGER.

Vous rappelez-vous ce que je vous disais à Bordeaux; le professorat est un sacerdoce, et celui qui veut s'y livrer avec honneur, celui qui le fait pénétrer dans le sanctuaire de la famille, doit savoir avant tout commander à ses passions, avec une force qui n'est pas de votre âge...

CHARLES.

Et moi je vous ai répondu qu'il était possible de tout concilier.

ROGER.

Fort bien... cependant madame de Moray a su vous plaire... et vous lui plaisez aussi, n'est-ce pas?

CHARLES.

Vous voyez du mal par-tout.

ROGER.

Donc il y aurait du mal à l'aimer?...

CHARLES.

Mais qui vous porte à faire une semblable supposition?

ROGER.

Êtes-vous l'amant, ou l'ami, si le mot vous choque, de la dame du lieu?

CHARLES.

Pourquoi conservez-vous encore sur moi de pareilles idées?...

ROGER.

Cela est.

CHARLES.

Encore une fois, qui vous porte à le croire?

ROGER.

Elle et vous..... votre maintien à tous deux... vos regards à tous deux; l'accueil que je reçois, votre aplomb, son trouble... votre caractère que je connais, sa position... l'avantage que vous devez en retirer tous deux : elle, en supportant ainsi son veuvage... vous, en le faisant tourner à votre profit...

CHARLES.

Achevez votre pensée...

ROGER.

Vous m'avez si souvent dit en soupirant, qu'on ne réussit que par les femmes...

CHARLES.

Je vous ai dit une chose générale, mais qui ne m'est point applicable en particulier.

ROGER.

Moi, j'en suis convaincu, cette riche veuve a du crédit, et vous veut du bien !... vous l'aimez sans projets, sans qu'elle s'en doute, sans le lui dire, dans un pur désintéressement; vous l'aimez avec le sentiment d'une position délicate et fausse comme est la vôtre.

CHARLES.

Vous avez une manière ironique de dire...

ROGER.

Et sur-tout une manière lucide de voir..... Vous êtes donc payé de retour?.... on partage votre passion?

CHARLES.

Non.

ROGER.

Vous ne voulez rien me confier? tant mieux, j'en serai plus libre.

CHARLES.

Je devine enfin: vous ne venez ici que pour me nuire.

ROGER.

Est-ce que je puis vous nuire? pourquoi me supposer un tel projet? il faudrait une cause, un intérêt quelconque.

CHARLES.

Mais je ne sais... un peu d'envie.

ROGER, réprimant un mouvement.

L'envie... de quoi? ma situation est indépendante, et la vôtre ne l'est pas: vous êtes aux gages d'une famille.

CHARLES, dissimulant sa colère.

Ah! pardon; vous me rappelez que je n'ai plus de liberté, que mon temps n'appartient pas à mes amis.

ROGER.

Votre élève a congé.

CHARLES.

Si vous dînez ici, vous ferez un peu de toilette, sans doute.

ROGER, à part.

Il ne faut rien brusquer. (Haut.) Vous m'y faites songer. Allons, soyez sans crainte, puisque vous n'avez pas sujet de craindre... rappelez-vous toujours que les chemins droits sont les plus sûrs.

CHARLES.

Il faut vous laisser le plaisir de dire des lieux-communs de morale.

ROGER.

Ça ne fait de mal à personne... mais il y a des gens qui trouvent commode d'avoir une morale particulière. C'est donc un habit qu'il faut mettre? fort bien, j'y vais. (A part, en sortant.) Il y a ici deux femmes.... Charles Mérard, mes yeux sont ouverts sur vous.

SCÈNE VII.

CHARLES, seul.

Quel est son projet? je suis inquiet de sa présence... et ce langage... bah! n'est-ce pas son langage accoutumé? avec le caractère que je lui connais, s'il avait eu des armes contre moi, il en aurait fait usage : c'est un de ces hommes jaloux du succès des autres; et pour avoir, à ce qu'il paraît, échoué jadis auprès d'une femme, se croit-il le droit de venir se placer sur mon passage? il m'a servi; je lui dois d'être ce que je suis; mais est-il mon maître? et quand l'âge m'émancipe, me faut-il rester sous sa tutelle? Non, non, je saurai me soustraire à l'autorité qu'il prétend exercer sur moi, à cette amitié tyrannique... Scrupuleux, timoré, il désapprouve le bonheur qu'il ne peut obtenir; ai-je son âge! Cependant, ménageons-le, il peut m'être utile encore.

SCÈNE VIII.

CHARLES, BLANCHE.

BLANCHE.

Eh bien! vous êtes seul? où donc est votre ami?

CHARLES.

Il est allé jusqu'au village... vous avez daigné l'inviter.

BLANCHE.

Pourquoi tant de cérémonie à la campagne? il est votre ami... d'ailleurs, j'ai pensé que vous seriez satisfait de lui consacrer votre journée; et l'engager à rester, c'était ménager les intérêts de tout le monde... je ne sais si c'est parce qu'il est votre ami, ce monsieur... comment l'appelez-vous?

CHARLES.

Roger : c'est un homme du monde.

BLANCHE.

Il nous a plu. Je ne suis pas fâchée de cet incident; il vous place bien aux yeux de ma mère: vos relations avec des gens distingués prouvent en votre faveur... Vous voyez que la reconnaissance me fait songer à tout ce qui vous concerne.

CHARLES.

Que vous êtes bonne!

BLANCHE.

Non; vous êtes maintenant de la famille... nous sommes destinés à vivre ensemble... Vous êtes quelquefois rêveur, chagrin... et je ne crois pas avoir tort de chercher à vous consoler...

CHARLES.

Maintenant je suis heureux, madame !... je désespérais de connaître cette situation avant de vous avoir vue... vous m'avez ouvert une vie... si douce !...

BLANCHE.

C'est que de votre côté vous contribuez à la rendre ainsi... Mais, vous le dissimulez en vain, votre mélancolie doit avoir une cause.... Eh quoi! si jeune et déja le front soucieux! déja des peines!...

CHARLES.

Des peines, qu'importe!...

BLANCHE.

Mais non : maintenant que votre existence se trouve liée à la nôtre, nous devons prendre part à tout ce qui vous regarde... vraiment!.... et c'est une disposition que je ne veux pas repousser, car je trouve une sorte de... de devoir à m'y laisser aller...

CHARLES.

Qu'il m'est doux de vous croire!... je n'osais l'espérer... Mais je ne veux affliger personne du chagrin que je puis éprouver.... de grace, ne vous troublez pas aujourd'hui comme vous l'avez fait hier... oui, pendant le dîner, devant tout le monde, quand je cherchais à expliquer à votre mère, qui me le demandait, le sujet de ma tristesse, vous avez pleuré.

BLANCHE.

J'ai pleuré!.... sans le vouloir.... c'est possible...

CHARLES.

Songez donc que votre bonté pour moi serait mal interprétée, si l'on venait à se douter qu'elle existe... alors je serais peut-être réduit à m'éloigner...

BLANCHE.

Vous éloigner!.... que dites-vous?.... Non! non!... d'ailleurs je vous assure que ma mère ne s'est nullement aperçue de mes larmes...

CHARLES.

Pas votre mère, mais votre fille... elle nous a regardés tous deux, et je l'ai vue qui rougissait...

BLANCHE.

C'est impossible... vous vous trompez... Ma fille!... c'est l'innocence même; jamais elle ne m'a quittée... elle a quinze ans à peine.

CHARLES.

Elle me prouvait l'autre jour qu'elle aurait seize ans le mois prochain... Mais comme je n'ai rien découvert dans sa conduite qui annonçât qu'elle vous a comprise hier, je suis rassuré... Vous voyez, dans mes craintes à cet égard, une forte preuve d'attachement... il y va de votre tranquillité... Eh bien! vous serez prudente aujourd'hui, surtout à cause de mon ami Roger.

BLANCHE.

Oui, oui, bien!

CHARLES.

C'est un homme très clairvoyant, dont la malignité s'exerce à tout propos...

BLANCHE.

Fi donc! le mauvais caractère!

CHARLES.

Soit qu'il ait été trompé, soit qu'il doute naturellement de la vertu : du reste, c'est un honnête homme.

BLANCHE.

Le beau mérite!

CHARLES.

Il se pose volontiers en moraliste austère.

BLANCHE.

En ce cas, je le recevrai avec beaucoup de froideur.

CHARLES.

Prenez garde, ce serait peut-être vous compromettre; ce moyen-là, après votre premier accueil, lui ferait croire que nous nous sommes entendus... un instinct tout particulier lui fait deviner à point nommé les choses les plus habilement cachées...

BLANCHE.

Mais c'est un homme dangereux... alors je lui ferai tant de graces...

CHARLES.

Ce moyen est pire que l'autre... il se croirait encouragé à vous plaire... il y réussirait peut-être, et...

BLANCHE.

Me plaire! franchement, je le déteste déja, monsieur votre ami.

CHARLES.

Craignez surtout de laisser percer le moins du monde un tel sentiment... il voudrait se venger, et, par esprit de vengeance, il vous dirait du mal de moi.

BLANCHE.

Quel mal pourrait-il dire? je crois à vous, je crois ce que vous me dites, et seulement ce que vous me dites... cela est positif; rassurez-vous donc... Allons, pourquoi cet air soucieux?

CHARLES.

C'est que... Tenez, vous êtes si bonne, madame!... vous savez si bien tout comprendre!... je veux vous expliquer ma position devant ce singulier ami... Le hasard nous a liés : les services qu'il m'a rendus... comme j'aurais voulu pouvoir les lui rendre de mon côté... l'ont autorisé, à ce qu'il prétend, à une sorte d'investigation de ma conduite, parfois fort gênante.

BLANCHE.

Mais, certes...

CHARLES.

Et, par exemple, s'il se doutait de votre bienveillance pour moi, je gage qu'il chercherait à l'expliquer à sa façon par des suppositions absurdes... il prétendrait aussi que la différence de nos conditions doit refroidir nos rapports... Les convenances établissent pour lui une sorte d'aristocratie que les cœurs généreux repoussent.

BLANCHE.

Oui, certes, et je tiens beaucoup à voir exister, pour toute chose, une sorte de... communauté : votre dévouement l'autorise.... la justifie : vous entendez...

CHARLES.

Chez vous, près de vous, que me manque-t-il?

BLANCHE.

Mais votre famille... vous m'avez raconté ses malheurs, vous m'avez vivement émue du récit de sa position actuelle... qui était la vôtre, il y a si peu de temps.... vous savez aussi que je serais heureuse et fière de faire quelque chose pour vos parents... vous les aimez, cela me les fait estimer ; ils deviennent chers à tous ceux qui vous connaissent, à tous ceux qui vous estiment... Si le plus heureux est celui qui donne, le plus généreux est quelquefois celui qui accepte...

SCÈNE IX.

LES MÊMES, HÉLÈNE.

HÉLÈNE.

Ah! maman!... maman! est-il possible.... peut-on rester si long-temps dans le jardin! le temps est encore bien froid pour votre santé.

BLANCHE.

Non... non... il ne fait pas mauvais temps.

HÉLÈNE.

Mais oui!.... ce n'est pas raisonnable!.... le froid vous a saisie.

BLANCHE.

Il me faut de l'air, je souffre de ma migraine...

HÉLÈNE.

Cette imprudence augmente encore votre mal, soyez-en sûre.... et si vous tombiez malade!...

BLANCHE.

Tu as raison, ma fille. . mais je parlais de ton frère à monsieur Mérard...

HÉLÈNE.

On va sonner le dîner... Allez bien vite à votre toilette.

BLANCHE, préoccupée.

Oui!... nous avons un hôte... Je vais à ma toilette... (Elle va pour sortir, Charles fait un pas audevant d'Hélène; mais la voix de Blanche l'arrête.) Et vous, monsieur Mérard, ne venez-vous pas?... votre ami ne peut tarder, soyez prêt à le recevoir.

(Ils sortent.)

SCÈNE X.

HÉLÈNE, seule.

En vérité, je ne reconnais plus ma mère, depuis quelque temps... elle semble ne se plaire que seule... ou dans la compagnie de M. Mérard.... Pour cela, je le conçois bien. (Elle soupire.) J'éprouve aussi moi-même une satisfaction étrange à lui parler, à l'écouter...et quand il n'est plus là, je me rappelle toutes ses paroles, et sa manière de les dire, et le son de sa voix ; et puis ses regards ont une expression de bonté qui me pénètre sans que j'en sache la cause... De tous les maîtres que nous avons eus, certainement c'est celui qui nous convient le mieux ; mon frère l'aime, et moi j'apprends tout de suite les choses qu'il m'enseigne... Oh! je comprends bien qu'il plaise à maman ; mais pourquoi le suit-elle ainsi toujours des yeux? pourquoi change-t-elle de maintien quand il arrive, quand il sort?... Elle est émue et tremblante quand il s'approche d'elle, et quelquefois elle soupire, elle pleure... comme hier... D'où vient cela?..

(Elle reste rêveuse.)

SCÈNE XI.

HÉLÈNE, ROGER.

ROGER.

Mademoiselle... (Il s'approche d'Hélène, la salue, mais la jeune fille ne le voit pas.) Voilà une jeune fille bien préoccupée...

HÉLÈNE, à elle-même.

Et cependant ma grand'mère n'est pas ainsi?..

ROGER.

A cet âge on ne rêve pas de la sorte sans sujet... et qui fait rêver une fille à cet âge? Serait-ce que mon ami Mérard?... mes pressentiments seraient-ils fondés?... S'il était vrai, mon Dieu!

HÉLÈNE, soupirant.

Oh! j'ai peine à comprendre... et cependant toutes mes pensées sont là.

(Elle reste pensive, Roger l'observe.)

ROGER.

Autrefois les grands seigneurs, les Richelieu ne se faisaient aucun scrupule de pénétrer dans les familles pour y porter le trouble et le déshonneur; aujourd'hui, des plus bas étages sortent effrontément des corrupteurs au petit pied. Près d'une jeune femme, près d'une jeune fille, pour mentor un homme de vingt ans!... quelle imprudence!

SCÈNE XII.

LES MÊMES, Mme DE TOURNY, CLAUDE.

MADAME DE TOURNY.

Ah! vous voilà, monsieur! vous n'êtes pas entré au salon? Eh bien! Hélène, tu ne vas pas prévenir ta mère?

HÉLÈNE.

Pardon, grand'maman, j'ignorais...

ROGER.

Je n'ai pas voulu déranger mademoiselle.

MADAME DE TOURNY.

A quoi pensais-tu, mon enfant?

HÉLÈNE.

A rien... à ma leçon de géographie.

ROGER.

Mademoiselle aime beaucoup l'étude! Veuillez, madame, ne pas gêner madame de Moray, je suis charmé de l'attendre dans votre compagnie... Vous vous plaisez beaucoup dans cette terre?

MADAME DE TOURNY.

Oui, monsieur, ma fille aime à l'habiter.

ROGER.

Je le conçois... le parc est vaste; une serre magnifique...

CLAUDE.

Oui, mais on n'y va pas... c'est défendu, c'est réservé pour maman.

MADAME DE TOURNY, sévèrement.

Claude!

CLAUDE.

Mais oui, grand'maman, c'est défendu... mais pas pour M. Mérard; je l'ai bien vu l'autre jour y entrer.

HÉLÈNE.

Il allait se plaindre de toi, mauvais sujet.

CLAUDE.

Mais non, c'est toi qui, l'autre fois, regardais M. Mérard à travers la charmille.

HÉLÈNE, rougissant.

Ce n'est pas vrai; ne le croyez pas, grand'-mère.

CLAUDE.

Mais si.

ROGER, à part.

Oui-dà!... les enfants voient tout et disent tout.

MADAME DE TOURNY.

Finissez. (A Roger.) Je crains que votre voyage ne soit un peu contrarié : la saison n'est pas encore assez avancée, et notre pauvre Normandie est bien humide au printemps.

ROGER.

Il y a cela d'heureux dans ma situation que je puis m'arrêter partout où je saurai me plaire : et j'aime autant un bon accueil qu'un beau site.

MADAME DE TOURNY.

Ma fille et moi, nous serions fières si nous pouvions vous faire oublier que vous aviez le projet d'aller plus loin.

ROGER.

Votre bienveillance me touche, mais je la dois à la bonne opinion que vous avez de mon ami.

MADAME DE TOURNY, bas.

Entre nous, c'est un charmant garçon, et je suis bien aise qu'il se soit fait aimer des enfants; sa position ici sera fort douce : madame de Moray est une femme bien bonne, bien raisonnable; elle se sent toute disposée à la confiance qu'il ne peut manquer de nous inspirer... n'est-ce pas, monsieur?... voyons, vous qui le connaissez beaucoup, dites-moi si nous nous trompons sur son compte : nous le trouvons franc dans sa conduite, réservé auprès des dames; ses principes sont droits et sûrs; il est pieux même, ce jeune homme... dernièrement l'évêque est venu nous voir; il a fait la conquête de monseigneur.

ROGER.

Charles mérite à tous égards le bien que vous pensez de lui... Mais madame votre fille n'est pas d'âge à rester veuve.

MADAME DE TOURNY.

La pauvre femme! son mariage était un mariage de fortune... elle n'a jamais connu le bonheur. Nous avons tous craint, dans l'intérêt des enfants, qu'elle ne cédât au desir bien naturel de se remarier... elle en parlait... maintenant nous voyons avec plaisir qu'elle n'y songe plus... aussi nous cherchons tous à lui rendre sa situation si douce qu'elle ne veuille plus la changer.

ROGER.

Je comprends, madame.... un second mariage peut mal tourner...

MADAME DE TOURNY.

Oui, c'est ce que ma fille pense aujourd'hui... Tenez, monsieur, je ne suis pas fâchée de voir du monde ici; et puisque vous voilà, restez-nous quelques jours.

ROGER.

Je ne voudrais pas être importun.

MADAME DE TOURNY.

Ne craignez rien... vous êtes l'ami de M. Mérard, et nous l'aimons tous... C'est pour éloigner les prétendants du voisinage, les ennuyeux de la province, que Blanche manifeste un si grand amour de la solitude... Mais nous sommes fort gaies ici, entre nous, je vous assure.... d'abord, liberté pleine et entière, comme aux champs... Je dois vous prévenir à ce sujet que ma fille a pour habitude, après le dîner, de faire, pendant une heure ou deux, une petite promenade dans les endroits les plus écartés du parc : nous ne la gênerons pas, si vous le permettez...

ROGER.

Comment donc, madame!...

MADAME DE TOURNY.

Il lui faut de l'air, et cette solitude, et cette tranquillité... Elle est sujette à des maux de tête... Pendant ce temps, M. Mérard, de son côté, monte chez lui : il écrit chaque jour à sa mère.

ROGER.

C'est d'un bon fils!... (A part.) Ces habitudes.

là me semblent protéger des rencontres... préméditées...

MADAME DE TOURNY.

Moi, je reste ici avec les enfants... je leur raconte des histoires.... puis, tout le monde se réunit bientôt... nous faisons un wisth, quand il nous vient quelqu'un, le curé, par exemple... Monsieur, jouez-vous au wisth?

ROGER.

Oui, madame.

MADAME DE TOURNY.

Ah! c'est le ciel qui vous envoie.... Onze heures sonnent, on rentre chez soi, et le lendemain nous nous retrouvons tous, joyeux et bien portants... Votre ami prétend qu'il n'y a pas d'existence plus agréable que celle-ci.

CLAUDE.

Ah! voici maman.

SCÈNE XIII.

LES MÊMES, BLANCHE.

BLANCHE, faisant la révérence.

On ne m'avait pas dit que vous fussiez au jardin, monsieur.

ROGER.

Je me suis hâté de répondre à votre aimable invitation, madame...

MADAME DE TOURNY.

N'est-ce pas, ma fille, que le moment n'est pas propice pour visiter les côtes, et que monsieur ferait sagement d'attendre... le mois de mai n'est pas assez sûr...

BLANCHE.

Oh! pourquoi détourner monsieur, ma mère? notre maison n'est pas assez agréable, et l'ennui...

ROGER, à part.

Charles a parlé... je les dérange. (Haut.) Ce n'est pas l'ennui que je redouterais, madame, mais la crainte de gêner...

MADAME DE TOURNY.

On ne gêne personne à la campagne, surtout quand on joue au wisth.

BLANCHE.

Monsieur a peut-être des affaires qui le rappellent promptement à Paris?

ROGER.

Heureusement, ou malheureusement, je n'ai aucune affaire, et je suis maître de mon temps.

CLAUDE, à Roger.

Oh! ne vous en allez pas, vous êtes l'ami de M. Mérard.

BLANCHE.

Vous oubliez que M. Mérard est votre maître pour vous faire travailler.

ROGER, à part.

Décidément on veut m'éloigner bien vite.

CLAUDE.

Mais on ne travaille pas toujours.

BLANCHE.

Parceque vous êtes un paresseux.

SCÈNE XIV.

LES MÊMES, CHARLES.

CLAUDE, à Charles.

N'est-ce pas, monsieur Mérard, qu'il ne faut pas que votre ami s'en aille demain?...

CHARLES, en embrassant l'enfant.

Claude, il ne m'appartient pas de rien décider à ce sujet.

ROGER, à part.

Que faire?... dois-je parler?

CHARLES.

N'êtes-vous pas fatigué du voyage?...

(Ils se parlent bas.)

MADAME DE TOURNY, à Blanche, bas.

C'est un homme fort aimable; et puisque c'est l'ami du précepteur de tes enfants...

BLANCHE, bas.

Nous ne connaissons pas ce monsieur.... d'ailleurs, je crains ce qu'on peut dire...

MADAME DE TOURNY.

Ne suis-je pas là?

HÉLÈNE, à part.

L'ami de M. Mérard ne convient pas à ma mère.

ROGER, à part.

Charles a conspiré... ce n'est pas là l'accueil de ce matin.... Plus de doute, mes soupçons sont fondés... Que se passe-t-il ici?... je veux le savoir.... je le saurai.... il faut parler.... (Haut, avec intention, à Charles.) Ah! mon cher Charles, j'oubliais de vous donner des nouvelles de madame Valentin...

CHARLES, à part, avec trouble.

Ciel!

BLANCHE, à part.

Ce nom vient de le troubler.

HÉLÈNE, à part.

Ma mère est inquiète et M. Mérard a pâli.

ROGER, à part.

Le premier coup est porté.

CHARLES, remis, à Roger.

Ah! vous avez reçu des lettres de madame Valentin?

ROGER.

Mieux que cela; elle est arrivée de Bordeaux...

CHARLES, à part.

Qu'entends-je! (Haut, avec une inquiétude dissimulée.) Ah! elle est à Paris?

ROGER.

Oui, et le jour même de votre départ, elle est venue se plaindre à moi, de vous... Comment donc! vous n'écrivez à personne!... vous semblez avoir perdu le souvenir de tous vos amis!

Sa fille est souffrante, inconsolable de la perte qu'elle a faite... vous comprenez...

(On entend la cloche.)

CLAUDE.

On sonne le dîner.

(Un valet entre.)

LE VALET.

Madame est servie.

BLANCHE.

Allons, passez, enfans. (A part.) Je ne sais pourquoi je suis inquiète.

HÉLÈNE, à son frère.

Donnez-moi donc le bras, monsieur !

CLAUDE.

Ah ! tu veux faire la madame!

(Ils sortent.)

BLANCHE, bas à Charles.

Vous ne m'aviez rien dit de madame Valentin... (Haut.) Votre main à ma mère, monsieur Mérard.

(Charles offre sa main à madame de Tourny.)

MADAME DE TOURNY, à Charles, en sortant.

Votre ami m'a fait de vous le plus grand éloge. (Musique.)

ROGER, en présentant sa main à Blanche.

Un moment, madame : avant d'aller m'asseoir à votre table, je sollicite de vous un aveu...

BLANCHE, avec gravité.

Parlez, monsieur.

ROGER.

Vous ne pensez pas que je sois venu ici sans motif...

BLANCHE.

Vous êtes venu voir votre ami...

ROGER.

Afin de connaître sa situation auprès de vous, afin de savoir par moi-même ce qu'il faisait en ces lieux...

BLANCHE.

Je ne vous comprends pas... quel intérêt?...

ROGER.

Répondez-moi, madame; c'est la vérité que je vous demande... vous aimez Charles...

BLANCHE.

Encore une fois, monsieur, ce langage m'étonne.

ROGER.

Vous aimez Charles!... La vérité, madame ; vous êtes libre de me chasser de chez vous...

BLANCHE.

Vous n'y pensez pas...

ROGER.

Je sais tout ce qu'une telle conduite a de brusque et d'étrange ; mais je ne suis pas maître du choix, et le temps peut me manquer... Si cette action vous blesse, je me retire. Mais il s'agit de Charles Mérard : songez-y ; je le connais mieux que vous ne pouvez le connaître; je sais ce que vous ne pouvez savoir ; et c'est pour vous, pour vous seule, que je viens ici, madame...

HÉLÈNE, en rentrant.

Eh bien! maman?

BLANCHE, bas.

Silence, monsieur, c'est ma fille.

ROGER, bas.

Oui, madame, et je serai plus prudent que vous pour elle.

CHARLES, revenant.

Madame, madame de Tourny vous attend...

BLANCHE, à Roger.

Répétez à votre ami, monsieur, la promesse que vous venez de me faire de nous rester demain.

CHARLES.

Comment?...

BLANCHE, à part.

Il est troublé !

CHARLES.

Ah ! monsieur Roger veut bien...

ROGER.

Oui, mon ami, je reste.

ACTE SECOND.

Un salon. Une lampe-carcel sur une table. Au lever du rideau, madame de Tourny travaille; Hélène dessine près de sa gouvernante; Blanche et Charles, placés vis-à-vis l'un de l'autre, tiennent chacun un livre à la main.

SCÈNE I.

LA GOUVERNANTE, HÉLÈNE, BLANCHE, Mme DE TOURNY, CHARLES.

MADAME DE TOURNY.

Quel silence ! personne ne dit une parole !... j'ai travaillé... mais c'est égal, il est bien triste de n'avoir pas de quatrième pour faire un wisth... Monsieur Mérard, il paraît que votre lecture est intéressante?

CHARLES.

Mais oui, madame.

HÉLÈNE, à part.

Il n'a pas eu un seul instant les yeux sur son livre... ni moi non plus, je n'ai rien pu faire... il me regardait parfois d'un air si touchant!...

(Elle soupire.)

CHARLES, à part en regardant Hélène.

Elle soupire... la pauvre enfant !...

BLANCHE, à part en lisant.

Ma mère ne se lève pas.

CHARLES.

O ciel! minuit! déja minuit!...

HÉLÈNE, à part avec inquiétude.

Minuit! et nous sommes encore là!

MADAME DE TOURNY, à Hélène.

C'est trop veiller, petite fille...

HÉLÈNE.

Bonne nuit, maman...

BLANCHE.

Bonne nuit... nous allons préparer le devoir pour demain.

MADAME DE TOURNY, à Blanche.

Tu te perds les yeux à lire le soir... voilà ce qui te donne des maux de tête... on peut faire le wisth à trois, cela occupe et cela distrait en même temps... allons, monte chez toi... les jours sont si longs et les nuits si courtes!

BLANCHE.

Non, non, je vous l'ai dit, je ne puis m'endormir que fort tard. Bonne nuit, ma mère...

MADAME DE TOURNY, à Hélène.

Demain, soyons levées à la pointe du jour; les promenades du matin sont très salutaires...

(Madame de Tourny. Hélène et la gouvernante sortent. Blanche les accompagne et s'arrête à la porte un moment, en prêtant l'oreille comme pour les entendre monter, puis elle redescend la scène.)

SCÈNE II.

BLANCHE, CHARLES.

BLANCHE.

Les voilà parties!... tout le monde va bientôt dormir... nous pouvons causer un moment..... savez-vous que c'est une idée excellente que vous avez eue là, de régler ainsi chaque soir les leçons du lendemain, pour ma fille et pour Claude...

CHARLES.

Et vous ne vouliez pas l'adopter!...

BLANCHE.

Oui, d'abord, je craignais... nos gens font quelquefois des suppositions si absurdes, si ridicules!

CHARLES.

Mais chacun le sait ici, nous ne parlons que de choses graves et sérieuses...

BLANCHE.

Eh! pas toujours... vous avez l'habitude, je dirai presque la manie de me parler... de moi...

CHARLES.

C'est que vous êtes le but de toutes mes pensées, je trouve tant de charme dans ces instants de causerie que vous voulez bien autoriser ainsi... on n'est vraiment libre qu'à cette heure.

BLANCHE.

Occupons-nous du devoir... votre ami est parti, grace au ciel!... eh bien! je tremble encore... j'ai eu beaucoup de peine à me remettre de la terreur qu'il m'a causée!... et j'avais besoin de son départ pour retrouver la sérénité de ma vie... le bonheur, je le sens, c'est de vivre avec des personnes qui nous comprennent.

CHARLES, s'asseyant.

De grace, venez vous asseoir là... et comme de coutume, parlons du devoir pour les enfants... le précepteur, c'est vous qui l'êtes, madame; c'est vous qui m'inspirez tout ce que je puis enseigner de vertueux; je ne suis qu'un écho, qu'un reflet... vous êtes si bonne!

BLANCHE.

Vous me flattez sans cesse...

CHARLES.

Mon Dieu! que vous êtes bien ainsi, madame!

BLANCHE.

Encore!... ne me parlez pas de la sorte... j'ai pour vous l'amitié d'une sœur aînée, je crois que vous avez quelque attachement pour moi.

CHARLES.

Oui, tout le monde est de mon avis, tout le monde vous admire... et, faut-il le dire, j'ai tremblé même que ce Roger ne vous aimât... je l'ai surpris souvent à vous regarder de manière à donner quelques mouvements de jalousie secrète... à vos vrais amis.

BLANCHE.

De grace! ne parlez plus de cet homme... Enfin nous respirons en liberté! nous n'aurons plus à éviter ce regard scrutateur... à craindre cette amitié de violence dont le cœur démentait à tout propos l'expression. Le méchant voit du mal partout, je n'étais pas rassurée, je n'osais plus rien dire, ni rien faire...

CHARLES.

Son séjour a du moins servi à détruire les soupçons qu'il avait si légèrement conçus...

BLANCHE.

Après tout, j'aurais tort de me plaindre: en voulant vous nuire il vous a servi, il a développé ce que la pitié avait commencé dans mon cœur, au récit de vos peines... cette amitié... bien vraie... bien vive... bien pure... Vous soupirez, Charles, pourquoi?...

CHARLES.

Je suis heureux de vous entendre, et cependant si vous saviez tout ce que je souffre.

BLANCHE.

Taisez-vous... taisez-vous... je ne vous permets pas de dire un mot de plus... et, pour en revenir à ce monsieur, j'ai contre lui deux griefs, que je ne saurais lui pardonner: le premier, c'est de m'avoir soupçonnée, de m'avoir fait rougir; le second, c'est d'avoir supposé que ma fille, la naïve enfant, avait remarqué, comme lui, des choses qui... n'existent pas certainement... n'allait-il pas jusqu'à prétendre aussi qu'Hélène se laissait aller, sans le savoir, à un sentiment de tendresse pour vous...

CHARLES, à part.

Hélène! imprudente!...

BLANCHE.

Il n'en est rien, n'est-ce pas, Charles?.... cela n'est pas possible... vous vous en seriez aperçu... vous me l'eussiez dit... jamais, bien vrai, le moindre mot, le plus léger indice ne vous ont fait croire que cela fût... non?... s'il en eût été ainsi, il aurait fallu nous séparer.... oh oui!... ma famille a projeté pour Hélène un riche mariage... d'ailleurs je ne voudrais pas que ma fille fût malheureuse... et vous ne pouvez pas... je veux dire, vous ne devez pas l'aimer... ce serait un crime... la pauvre enfant! à son âge, avoir une telle passion!... oh! l'horrible pensée... et puis, tenez, j'ai été inquiète, sans vous en rien dire, relativement à cette madame Valentin qui a quitté Bordeaux....

CHARLES.

Tout cela est un moyen mis en œuvre par Roger pour arriver à ses fins, pour m'arracher d'ici, je n'en saurais douter, si, comme il le pensait,vous eussiez répondu à des sentiments...

BLANCHE, l'interrompant.

Ainsi, bien sûr, il n'y a pas de madame Valentin que vous aimiez?...

CHARLES.

Aimer! moi! madame, pour aimer il me fallait attendre...

BLANCHE, l'interrompant encore.

Ah! je vous crois... je veux vous croire... le méchant homme, ce Roger! que lui ai-je fait! pourquoi l'avez-vous connu!... N'avez-vous pas entendu du bruit?

CHARLES, se levant.

Hélène!... déja!...

BLANCHE.

Ah! mon Dieu!.... ma fille! que vient-elle faire?... silence...

(Elle se retire à l'écart ainsi que Charles. — Hélène entre avec la plus grande précaution sans les voir.)

SCÈNE III.

LES MÊMES; HÉLÈNE, un bougeoir à la main.

HÉLÈNE, en descendant la scène.

Je suis toute tremblante... Mais personne ne m'a entendue, j'en suis sûre, et...

(Elle aperçoit sa mère, et elle pousse un cri d'effroi.)

BLANCHE, avec une vive émotion.

Que voulez-vous, Hélène?... pourquoi ne dormez-vous pas à cette heure?... qu'y a-t-il donc, et d'où vient votre effroi?...

HÉLÈNE, avec un grand embarras.

Je ne pensais pas que vous fussiez encore au salon, maman... je venais chercher le devoir... comme vous le laissez sur la table, souvent...

BLANCHE, remise.

C'est le moment du sommeil et non du travail... (Avec douceur.) Que signifie cela? explique-toi : une jeune fille ne doit pas quitter sa chambre ainsi la nuit... je gronderai ta gouvernante... Voyons, parle, que veux-tu faire du devoir, à cette heure?...

HÉLÈNE, tremblante.

C'est que...

BLANCHE.

Il ne faut pas trembler, il faut répondre.... (A Charles.) Monsieur Mérard, vous pouvez vous retirer; nous reprendrons demain notre entretien... J'approuve tout-à-fait vos idées sur cette importante question.

HÉLÈNE.

Je ne veux pas vous déranger, maman, puisque vous causiez d'affaires... Je vous demande pardon.

BLANCHE.

Non, reste : nous allons monter ensemble...

SCÈNE IV.

BLANCHE, HÉLÈNE.

BLANCHE.

Maintenant, ma fille, parle; j'ai renvoyé M. Mérard tout exprès; je veux savoir pour quel motif tu descends à cette heure au salon.

HÉLÈNE.

Je vous l'ai expliqué, maman.

BLANCHE.

Écoutez, mademoiselle : ce que je vais vous dire est fort sérieux. Depuis quelque temps vous n'êtes plus appliquée à vos travaux; vous devenez triste et rêveuse... (A part, avec anxiété.) Mon Dieu, elle pâlit! (Haut.) Rien n'échappe à l'œil d'une mère, et j'ai cru m'apercevoir que vous n'étiez plus la même; quelle en est la raison? je veux connaître la moindre de vos contrariétés, si vous en avez... est-ce votre gouvernante qui vous tourmente?

HÉLÈNE.

Je n'ai rien, je vous assure, ma mère.

BLANCHE.

Vous me le dites d'un ton qui ne me persuade pas... (A part.) Mon Dieu! ce M. Roger aurait-il dit vrai? (Haut, avec un air sévère.) Vous me trompez, mademoiselle, oui!... je vous ordonne de m'apprendre... (Hélène, ne maîtrisant plus son émotion, se laisse tomber sur une chaise.) Eh bien! qu'avez-vous?... Hélène! ma fille!.... elle perd connaissance... et je suis seule! personne pour lui porter secours. Hélène! Hélène! J'ai parlé avec trop de sévérité. (Elle lui fait respirer un flacon, et en cherchant à la délacer elle aperçoit un papier.) Ciel! que vois-je?... quel est cet écrit? Lisons... (Elle ouvre le billet et lit.) Une écriture contrefaite! (Lisant.) « Après minuit, au sa-

« lon. » Un rendez-vous! qui l'a donné?... Mon Dieu!... que faire?.... (Elle donne des soins à Hélène.) Appeler... je n'ose... réveiller ma mère!... La laisser... je ne le puis. Je me soutiens à peine moi-même; ma vue se trouble... malheureuse!... mon Dieu, mon Dieu! Hélène!.... Elle reprend ses sens... elle ouvre les yeux! Hélène...

HÉLÈNE, revenant à elle.

M. Mérard! que s'est-il passé?... Maman! pardonnez...

BLANCHE.

Oui, oui... sois sans crainte, reviens à toi... pourquoi cela? qu'as-tu?... (A part.) Ah! cachons-lui mon trouble! (Haut.) Ma fille, il faut monter dans ta chambre. Allons, viens, appuie-toi sur mon bras.

SCÈNE V.

LES MÊMES, LA GOUVERNANTE.

BLANCHE.

Ah! venez, venez donc, madame; elle vient de se trouver mal.

HÉLÈNE.

Maman, je vous assure...

BLANCHE.

Bien!... je ne veux pas que tu parles, calme-toi. (A la gouvernante.) Vous allez la mettre au lit.. je ne tarderai pas à vous rejoindre. Allez, allez, madame, je ne vous demande aucune explication : ce n'est pas le moment, allez!

SCÈNE VI.

BLANCHE, seule. Elle se laisse tomber à la place où était sa fille.

Que signifie tout cela, mon Dieu! quel est ce mystère?... comment ose-t-on remettre à ma fille un semblable billet? et qui l'a osé?... pas d'adresse! elle est venue, oui, elle! au milieu de la nuit!... Aucun homme dans la maison, si ce n'est Charles! elle l'a nommé!... Charles! lui qui me parlait, il n'y a qu'un instant, de... de son amour, d'un amour que j'essaye en vain, je le sens, de ne pas comprendre, de ne pas partager. Mais je l'ai vu la regarder souvent; ce soir encore... le soupçonner, c'est affreux! il ne voudrait pas séduire ma fille, me la donner pour rivale... pour rivale!

SCÈNE VII.

BLANCHE, ROGER.

BLANCHE, apercevant Roger.

Ciel! vous! vous ici, monsieur!... vous, dans ma maison, au milieu de la nuit! qu'y venez-vous faire?

ROGER.

Vous avez le droit d'être surprise, madame; je sais parfaitement ce qu'une telle démarche a d'étrange, de déplacé; mais vous saurez bientôt si j'ai des raisons suffisantes pour agir ainsi.

BLANCHE.

Serait-il possible?... ah! grand Dieu! je tremble de comprendre... ce n'est pas moi que vous espériez trouver à cette heure!

ROGER.

Vous seule...

BLANCHE.

Ne croyez pas me tromper, c'est ma fille... et l'hospitalité..

ROGER.

Votre fille vient de quitter ce salon, appuyée sur sa gouvernante : j'attendais son départ... c'est pour vous, madame, pour vous seule que je suis chez vous au milieu de la nuit... j'ai feint de partir afin d'épier le moment de vous parler sans témoins. Vos journées sont entièrement consacrées à un autre; une partie de la soirée lui appartient également : il a bien fallu attendre la nuit.

BLANCHE.

Mais, avant tout, comment vous trouvez-vous chez moi, monsieur? vous m'avez compromise auprès de mes gens.

ROGER.

Non, madame, ce n'est pas moi qui me charge de ce soin... en quittant Paris pour venir chez vous, oui, madame, chez vous, j'avais un but, un plan de conduite; j'ai su mettre le temps à profit, et depuis mon départ supposé, j'ai tout vu, tout entendu.

BLANCHE, cherchant à contenir son impatience.

Monsieur, monsieur... pourquoi m'épier ainsi? au nom du ciel, qui vous ramène? je ne comprends pas...

ROGER.

Pour me comprendre, il faudrait m'écouter.

BLANCHE.

Ce n'est ni le lieu ni l'heure.

ROGER.

Qui veut éviter une explication la redoute... ce lieu est fort convenable; c'est un salon ouvert à tous... quant à l'heure, vous me saurez gré de l'avoir choisie; je vous le répète, madame, votre tranquillité, celle de votre mère, celle de votre fille, votre avenir de bonheur à toutes, dépend de cette entrevue.

BLANCHE.

Vous invoquez des noms si chers... asseyez-vous, monsieur, je vous écoute.

(Elle s'assied.)

ROGER, debout.

Pour vous faire apprécier mes actions dans cette circonstance, et depuis que j'ai l'honneur de vous connaître, il me faut vous parler de moi : c'est un préambule indispensable... — Il y a long-temps.... j'étais jeune.... j'ai aimé comme on n'aime qu'une fois... c'était une personne accomplie, élevée à cette époque dans le pensionnat où j'allais voir ma sœur. Je ne l'avais vue que de loin cette jeune fille, dont les yeux ne se sont jamais arrêtés sur moi peut-être... Je demandai sa main... j'étais sans fortune, ma demande ne devait pas être accueillie. Ce refus me fit comprendre le besoin d'être riche; dans l'espoir de le devenir, par amour, madame!... je m'éloignai de Paris, et j'acquis, à force de persévérance, cette richesse dont jusque-là je n'avais pas senti le prix... mais elle ne devait plus servir à réaliser mes rêves... la jeune pensionnaire avait fait un de ces mariages brillants qui donnent tout, hors le bonheur... Vous soupirez, madame!...

BLANCHE.

Continuez, monsieur...

ROGER.

Ces souvenirs, jamais ils n'avaient ému mon cœur plus vivement qu'aujourd'hui près de vous; jamais ils ne m'avaient donné plus de regrets!... mais pour l'homme à qui le sort n'a pas accordé la joie d'aimer pour être aimé, il reste encore un bonheur, c'est de contribuer à celui des autres, c'est de se dévouer... pour une ame brûlante, c'est un avenir...

BLANCHE.

Je cherche, monsieur, quel rapport...

ROGER.

Le voici, madame: En me rendant à Bordeaux, le hasard m'a fait voyager, il y a quelques années, avec un jeune homme.... placé dans une condition subalterne, il trouva quelques avantages à me connaître; je lui dus, moi, quelques distractions dans ma vie devenue si triste; le desir de lui être utile me fit voir le monde pour l'y conduire, pour qu'il tâchât d'y faire sa place: on l'accueillit sous mon patronage... mais ce jeune homme était un de ceux qui, mettant leur esprit à la place de leur cœur, veulent à tout prix une existence agréable; qui, pour parvenir à ce but, méconnaissent les devoirs d'une fonction délicate; qui, dans une famille honorable, chargés d'enseigner à-la-fois les sciences et la morale, de développer de jeunes intelligences, de jeunes ames, s'adressent à tout ce qui porte un cœur pour y glisser le poison de leur séduction; qui cherchent à plaire à la mère pour arriver à plaire à la fille... Je n'ai pas besoin, je pense, de nommer celui dont je viens vous parler...

BLANCHE.

Pourquoi?... si vous voulez que je sache son nom...

ROGER.

Quoi! madame?... c'est Charles Mérard, madame.

BLANCHE, réprimant son trouble.

(A part.) Charles!... (Haut.) Ah! vous le calomniez, monsieur, et je dois le défendre: je n'ai rien vu dans sa conduite qui m'autorisât à suspecter ses actions... Il est aimé de mon fils; je n'ai pas un reproche à lui faire.... de telles accusations tombent d'elles-mêmes.... Non, non, ce n'est pas lui qu'on peut accuser... il y va de l'honneur pour vous de prouver ce que vous avancez... Pourquoi ne pas dire aussi qu'il convoite ma fortune?

ROGER.

Rien ne m'autorise à le croire... Mais, madame... vous l'aimez bien!

BLANCHE.

Après tout, monsieur, qui vous donne le droit de m'offenser... je suis maîtresse de mon cœur, de mes actions... je suis veuve.

ROGER.

Vous n'êtes pas veuve de votre fille, madame... et votre fille a surpris votre secret.... oui!... votre exemple a jeté le trouble dans le cœur d'une enfant...

BLANCHE, avec indignation.

C'est impossible, monsieur!.. ma fille... vous parlez de ma fille!

ROGER.

Vous n'avez donc pas vu la pâleur succéder aux couleurs de la santé sur son visage!

BLANCHE, désespérée.

Ah! c'est un moyen d'effrayer ma tendresse...

ROGER.

Vous n'avez pas prévu que la langueur de vos regards, que vos soupirs étouffés devaient être interprétés par votre fille.

BLANCHE, hors d'elle-même.

Toujours ma fille!... encore une fois, je ne vous crois pas.

ROGER.

Et aujourd'hui même, que venait-elle faire ici, la nuit!...

BLANCHE.

Ah! mon Dieu!

ROGER.

Vous avez donc oublié quelles impressions on reçoit à son âge? et cette ardente curiosité qui fait tout découvrir, tout deviner, vous ne l'avez pas redoutée!...

BLANCHE.

Monsieur... monsieur...

ROGER, avec amertume.

Je pensais que l'amour maternel, votre premier mobile, devait être aussi votre soutien; mais il vous plaçait, sans le vouloir, dans des relations où la confiance amène l'intimité... et séduite, sans le savoir, vous n'avez pas aperçu l'abîme; vous n'avez pas redouté le danger de ces émotions douces, renaissantes que votre cœur recevait de moment en moment, que vous regardiez peut-être comme un jeu de votre imagination... Il ne faut pas jouer avec le feu, madame! Mérard a voulu se faire aimer, Mérard s'est fait aimer.

BLANCHE.

Eh bien ! s'il était vrai, monsieur, si malgré moi je n'avais pu résister à mon cœur... oui, puisque vous en voulez l'aveu, je me sens le courage de le faire, à vous qui pénétrez chez moi malgré moi!... oui, de ce jour seulement j'ai lu dans mon cœur... J'aime, je n'en doute plus, j'aime celui que vous appelez faussement votre ami... Et c'est vous, oui, vous seul qui m'avez révélé ce sentiment qui, chaque jour, a pris plus d'empire sur mon cœur, qui complète mon existence... mais personne n'a le droit de m'accuser; car je vous le répète, monsieur, quoique libre de mes actions, je puis supporter vos regards, ceux de ma mère, ceux de ma fille...

ROGER.

C'est peu connaître le monde que de compter sur vous-même; le monde! il juge d'après ses propres erreurs, sur des apparences : croira-t-il à la parole de madame de Moray en voyant le jeune précepteur de ses enfants? non, madame, le monde est impitoyable pour quiconque lui fournit l'occasion d'un sarcasme... Songez qu'après avoir manifesté hautement le desir de vous marier, vous avez tout-à-coup changé d'avis, depuis que Charles Mérard est chez vous.

BLANCHE.

L'intérêt de ma famille veut que je reste veuve, vous le savez bien.

ROGER.

Je sais aussi que vous avez refusé un prétendant pour la seconde fois... un M. d'Auneuil... Que savez-vous de lui, de l'opinion qu'il a prise de votre refus? que savez-vous de ce qu'on dit dans le monde, et si l'on n'y devine pas l'espoir que le précepteur concevait d'amener pas à pas la riche veuve à se mettre au-dessus de l'opinion?

BLANCHE.

Arrêtez... s'il en était ainsi, monsieur, il n'y aurait qu'un moyen de faire taire le monde : j'épouserais Charles Mérard.

ROGER.

L'épouser!

BLANCHE.

Voilà ma réponse, monsieur. Et maintenant je comprends pourquoi vous avez choisi cette heure de nuit pour me faire entendre de telles paroles... je suis seule, sans défense; mes gens endormis ne peuvent exécuter mes ordres...

ROGER.

Ah! madame!...

BLANCHE.

Oui, vous avez compté sur la crainte qu'une femme doit avoir du scandale.

ROGER.

Le scandale! j'ai voulu l'éviter pour vous, pour cette pauvre enfant dont le cœur troublé ne sait plus comprendre le devoir... deux mots ont suffi pour l'amener ici, cette nuit...

BLANCHE.

Ah! ce billet, c'est donc vous!...

ROGER.

C'est moi qui l'ai surpris, qui ai vu ce qui n'aurait pas dû vous échapper, madame... dans mon indignation j'allais tout vous découvrir... mais il fallait que votre fille reçût cette lettre, il fallait qu'elle vînt au rendez-vous pour vous faire comprendre le danger auquel vous l'avez exposée... pour vous faire réfléchir sur une situation malheureusement trop commune aujourd'hui. Sous un titre austère, avec la présomption du savoir et de l'expérience, un homme se trouve à vingt ans, au sein d'une famille confiante, hypocrite par nécessité, obligé de feindre des vertus qu'il ne peut avoir, luttant sans force contre des passions qu'il ne peut vaincre, luttant contre la jeunesse vis-à-vis de femmes aussi faibles, aussi jeunes que lui... on ne prévoit pas le mal, et le mal arrive irréparable...

BLANCHE, tenant le billet et le regardant.

Quoi! Mérard.... non, non, cela est impossible.

ROGER.

Impossible!

BLANCHE.

Non, monsieur, non, je ne puis ajouter foi à vos paroles; il y a là-dessous un mystère qui m'échappe, une machination dont le temps nous dévoilera l'auteur... et quand j'aurai instruit M. Mérard... Le voici.

SCÈNE VIII.

Les Mêmes, CHARLES.

BLANCHE, apercevant Charles.

Venez, venez, monsieur; soyez mon protecteur contre cet homme, contre ce faux ami.

CHARLES.

Ciel!... vous ici?

BLANCHE.

Il a feint de partir... il a passé la nuit à vous accuser quand vous n'étiez pas là.

CHARLES, furieux.

S'il était vrai, votre mort!...

ROGER, avec sang-froid.

Cela est vrai, et je vis.

BLANCHE, hors d'elle-même.

Monsieur Mérard, je vous en prie, éloignez cet homme.

CHARLES.

Ah! vous aurez ma vie ou j'aurai la vôtre.

ROGER.

Je ne veux pas de vos jours, vous n'aurez pas les miens.... le duel ne répare pas les fautes.

CHARLES.

Vous refusez une affaire d'honneur!

ROGER.

Pour une affaire d'honneur, il faut de l'honneur, monsieur.

CHARLES, plus furieux.

Malheureux !...

ROGER, l'arrêtant par le bras.

Un homme est un malheureux quand il se joue sans pitié des sentiments les plus vrais, quand il cherche à se faire aimer de toutes les femmes, quand il les regarde toutes comme ses victimes; quand, sans songer à la gravité de ses fonctions, il ne craint pas d'éveiller la passion jusque dans le cœur d'une enfant.

CHARLES.

Vous me calomniez...

ROGER.

Je n'ai pas tout dit encore.

CHARLES.

Si vous ajoutez une parole, monsieur...

ROGER, avec autorité.

Je veux parler, moi !... vous allez voir si j'en ai le droit... Écoutez, madame, et au moins jugez-nous. Deux jours avant mon départ de Paris, une femme est venue à moi, tout en pleurs...

CHARLES.

Vous vous tairez...

ROGER.

Cette femme, madame Valentin, arrivait de Bordeaux avec sa fille mourante...

BLANCHE, vivement.

Parlez, monsieur, parlez...

ROGER.

Elle s'est jetée à mes pieds, et m'a demandé justice d'un homme que j'ai honoré du titre d'ami, que j'ai protégé par mes relations, qui, sous mon patronage, avait pénétré dans une famille respectable...

BLANCHE, poussant un cri.

Ciel !

ROGER.

Cette fille est celle d'un de mes bons amis de collége... Et maintenant vous voyez bien que j'ai le droit de vous demander compte de vos actions. Cette malheureuse famille est venue... et si l'argent pouvait réparer quelque chose en fait d'honneur, je suis riche aujourd'hui, moi ! riche d'une fortune qui ne doit plus contribuer à mon bonheur... Mais ce n'est pas l'argent qui peut rendre à la victime la paix, le calme, l'honneur...

CHARLES, avec dignité.

Je vous ai laissé parler; j'ai contenu long-temps ma juste indignation par respect pour madame : maintenant c'est devant elle que vous allez me rendre compte...

ROGER, l'interrompant.

De votre conduite envers madame Valentin ? soit. Sa fille était belle, vous l'avez séduite; et quand vous avez pensé que la mère, ne devant plus rien ignorer, allait exiger la réparation d'un crime, vous êtes parti froidement...

CHARLES, avec véhémence.

Monsieur !

ROGER, de même.

Eh bien !

BLANCHE, cherchant à se remettre, et se plaçant entre les deux hommes.

Messieurs, de grace !... Il ne m'appartient pas de vous demander compte de votre conduite ailleurs qu'ici; mais, en ce moment, je dois me rappeler et vous rappeler à vous-mêmes que je suis chez moi... (A Roger.) Monsieur, vos sentiments sont généreux; votre conduite mérite sans doute ma reconnaissance... Si j'avais été seule exposée à recevoir une leçon bien sévère, je garderais le silence; mais ma fille...

ROGER.

La voici, madame.

SCÈNE IX.

LES MÊMES, HÉLÈNE.

(Hélène ouvre la porte, jette un cri, et n'ose se retirer.)

BLANCHE.

Dieu ! (Bas à Roger.) Monsieur, pas un mot devant cette enfant, je vous en prie... (A Hélène.) Eh bien ! que veux-tu ?

HÉLÈNE.

Je ne pensais pas que vous fussiez déja descendue... et monsieur...

ROGER.

De grace, mademoiselle, un seul mot : Hier, au moment où vous vous dirigiez vers le bosquet, dans l'obscurité...

BLANCHE, à part.

Ciel !

ROGER.

On vous a remis un billet, mademoiselle, sans que vous pussiez voir qui le glissait dans votre main...

(Confusion d'Hélène.)

CHARLES, avec terreur et à voix basse.

Monsieur, au nom du ciel !...

ROGER, bas aussi.

Silence !

BLANCHE.

Répondez donc, mademoiselle !...

HÉLÈNE.

C'est la vérité.

BLANCHE.

Et ce billet, le voici, n'est-ce pas ?

HÉLÈNE.

Oui.

ROGER, bas à Blanche.

Soyez sans crainte. (A Hélène.) C'est moi qui vous l'ai écrit... j'aurais voulu vous parler et vous charger d'apprendre à votre mère une triste nouvelle...

HÉLÈNE, à part.

Ce n'était pas lui !...

BLANCHE, se hâtant de parler.

Oui, ma fille, cette nouvelle se trouve heureusement démentie.

HÉLÈNE, à part.

Et moi qui pensais...

SCÈNE X.

LES MÊMES, Mme DE TOURNY.

MADAME DE TOURNY.

Eh! pourquoi tout le monde est-il levé à cette heure?

BLANCHE.

C'est monsieur qui nous revient inopinément...

MADAME DE TOURNY.

Par quel heureux hasard!... j'en suis ravie... nous avons passé hier la plus triste soirée...

ROGER.

Malheureusement, madame, j'arrive pour repartir... oui, je viens vous enlever mon ami Mérard.

BLANCHE, à part.

Que dit-il?...

ROGER, bas à Blanche.

Je remplirai mon devoir jusqu'au bout.

CHARLES, bas à Roger.

Que faites-vous, monsieur?

ROGER, bas à Charles.

Pas un mot, il faut partir. (Haut.) Une affaire de famille va vous en priver pour quelque temps...

MADAME DE TOURNY.

Vous nous enlevez monsieur Mérard! qu'allons-nous devenir! Claude nous fera tourner la tête... Ce cher monsieur Mérard!... ma fille n'a pas de bonheur, en vérité... on trouve si rarement un maître qui lui ressemble...

ROGER.

Madame de Moray, en bonne mère, remplacera le précepteur auprès de ses enfants.

MADAME DE TOURNY.

Mais vous ne partez pas aujourd'hui?

ROGER.

Tout de suite, madame : des chevaux nous attendent au bout de l'avenue. (Bas à Blanche, qui va parler.) Je rends une mère à votre fille. (A Charles qui va parler.) Silence, vous épargnerez un scandale; laissez ici au moins un nom sans tache, songez que vous devez ce nom à une autre...

MADAME DE TOURNY.

Mais ce brusque départ?...

ROGER.

Est irrévocable. (Bas à Blanche.) J'ai respecté votre mère et votre fille, imitez moi... Je n'ai plus rien à vous dire... et cependant, au moment de partir, je dois vous faire connaitre celui qui a osé s'introduire chez vous, madame, celui qui n'a pas manqué de courage pour se placer sans cesse entre vous et la séduction, pour contrarier par sa présence, par ses discours, par sa conduite toutes les impressions involontaires d'un cœur tendre... je m'exposais à vous déplaire, à me faire haïr peut-être, je le savais... et pourtant j'ai rempli mon devoir... oui, c'était pour l'honnête homme un devoir que de vous conserver digne de vous-même...

BLANCHE.

Monsieur...

(Musique.)

ROGER, en remettant une lettre ouverte.

Veuillez jeter les yeux sur cette lettre, madame...

BLANCHE.

Elle est de mon beau-frère... (Lisant.) « Mon « cher ami, une constance aussi noble, un ca- « ractère aussi généreux que les vôtres, méri- « taient une meilleure récompense. Pourquoi « celle que vous aimez n'a-t-elle pu vous con- « naître et apprécier votre ame si élevée et si « aimante, je n'en serais pas réduit en ce mo- « ment à vous plaindre, à la plaindre plus « encore elle-même. C'est donc avec un vif re- « gret que je vous annonce, mon digne ami, « que madame de Moray, malgré tous les ef- « forts de mon amitié, renonce à un second « mariage... » (Elle regarde la suscription de la lettre, et, d'une voix émue, elle lit :) « A monsieur « Roger d'Auneuil!... »

(Étonnement.)

ROGER, avec une vive émotion.

Roger d'Auneuil... oui, madame; forcé de renoncer au bonheur j'ai voulu du moins assurer le vôtre... vous sauver, vous être utile; je n'y ai point de mérite, c'est mon vœu, ma destinée, la vocation de ma vie.

BLANCHE.

Ah! monsieur...

ROGER, avec une émotion plus marquée.

Maintenant, pour la troisième fois, renvoyez-moi, madame; tant que vous serez heureuse et tranquille, je n'aurai rien à faire ici... (Surmontant son émotion, à Charles, qui pendant ce temps est resté à causer avec madame de Tourny, mais en manifestant son inquiétude.) Allons, mon cher ami, saluons ces dames et partons.

MADAME DE TOURNY.

J'espère au moins, monsieur, que nous aurons le plaisir de vous revoir à Paris?

ROGER.

Si madame veut bien le permettre.

(Roger salue, madame de Tourny fait la révérence, Charles se laisse entrainer; le rideau tombe sur ce tableau.)

FIN DE PRÉCEPTEUR A VINGT ANS!

PARIS. — IMPRIMERIE NORMALE DE JULES DIDOT L'AINÉ,
n° 4, boulevart d'Enfer

www.ingramcontent.com/pod-product-compliance
Lightning Source LLC
LaVergne TN
LVHW050513160826
845677LV00003B/1116

* 9 7 8 2 3 2 9 6 3 4 9 0 6 *